Murmuron Tragwyddoldeb
a Chwningod Tjioclet

Murmuron Tragwyddoldeb a Chwningod Tjioclet

Gwyn Thomas

Cyhoeddiadau Barddas
2010

ⓗ Gwyn Thomas

Argraffiad cyntaf: 2010
Ailargraffiad: 2011

ISBN 978-1-906396-27-5

Cyhoeddwyd gyda chymorth ariannol
Cyngor Llyfrau Cymru.

Diolch yn fawr i'r artist, John Meirion Morris, am ei ganiatâd i
atgynhyrchu ffotograff o'i gerflun teyrnged i R. S. Thomas,
Y Groes Wag, ar glawr y llyfr hwn.

Cyhoeddwyd gan Gyhoeddiadau Barddas
Argraffwyd gan Wasg Dinefwr, Llandybïe

Ni chawsom ni gymaint â chlywed a oes Ysbryd Glân.

Actau'r Apostolion 19.2

When they said, "Repent, repent,"
I wonder what they meant.

Dyfyniad o un o ganeuon
Leonard Cohen

Poetry and Criticism being by no means the universal concern of the world, but only the affair of idle men who write in their closets, and of idle men who read them there.

Alexander Pope

CYNNWYS

CERDDI CYHOEDDUS

TRUGAREDDAU

NI I GYD

Yr ydym ni i gyd
Wedi ein rhoi yn y byd
I geisio dyfalu pam
Yr ydym ni yma,
Ac i ddyfalu a oes yna
Ystyr i Fywyd,
Ac ystyr, hefyd,
I'n bywydau ninnau.

MAMAU

Eu mamau, nid eu tadau,
Sydd ar blant bach eu heisiau
Yn nosau duon eu bywydau.

RHYFEL

Pobol ifainc, laddadwy:
Pobol ifainc, laddedig.

DARLLEN – A DEALL?

(Addysgu un, ac yntau'n flwydd a hanner)

Llyfr: fe'i hagoraf.

Llun CEFFYL: fe'i gwelaf.
CEFF-YL: dywedaf.
Yna, i nodweddu'r creadur,
Gweryraf.

Llun CEFFYL: gwêl yntau.
CEFF-YL: ni ddyweda,
Eithr gweryra.

Llun CWNINGEN: fe'i gwelaf.
CWN-ING-EN: dywedaf.
Yna, i nodweddu'r creadur,
Fe snwfflaf.

Llun CWNINGEN: gwêl yntau.
CWN-ING-EN: ni ddyweda,
Eithr gweryra.

Mae hyn yn peri imi amau
Nad ydi o ddim cweit
Wedi deall pethau.

MARGARET

(Diweddar briod Syr John Meurig Thomas)

Yn y llyfr bach ffôn yn ein tŷ ni
Ein harfer yw dynodi,
Â llinell wen, y rheini
O'n perthnasau a'n cyfeillion
Sydd wedi'n gadael ni.

A chwilota'r oeddwn i
Y noson hon, John Meurig,
Am rif dy deleffon di
Pan welais i, yn wyn,
MARGARET, ei henw hi.

A daeth yn ôl orffennol
Pan oedd hi
Yn ei harddwch a'i thawelwch
Yn fendigedig gyda ni.

A daeth drosof fi, yn don,
Hiraeth yn ddüwch creulon,
Ynghyd â chofion gloywon
Am ei goleuni hi.

Yn ein meddyliau ni,
Bawb a'i hadnabu hi,
Y mae o hyd belydrau
Ei bywyd hawddgar hi.

WYT TI'N COFIO

Ystafell wen, a gwely,
Ac yntau yno ynddi
Yn fethedig, ac yn hen.

A dyma ni yn dechrau sôn
Am y gwragedd hynny a'r dynion
A fu'n rhan o'n bywydau ni
Flynyddoedd maith yn ôl,
Gan ailgynnau ein gorffennol.

A daeth i'w feddwl yntau,
Fel i fy meddwl innau,
Ein hen gapel fel yr oedd o –
Efo pobol ynddo.

"Wyt ti'n cofio?" meddai –
Dyma inni, fel y gwelwch chwi,
Eiriau dynion hen –
"Wyt ti'n cofio bod yno
A'r lle yn llawn, a'r gân
Yn morio drwyddo?"
Na, doeddwn i,
Fel yr oedd hi'n digwydd,
Ddim yn cofio.
"Y gân yn bedwar llais,"
Meddai yntau eto,
"Bâs, tenor, alto, a soprano
Yn offrymu emyn . . ."
A bu ond y dim i'm hen gyfaill i wylo.
"Fydd pethau," meddwn innau,
"Byth fel yna eto.
A fyddwn ninnau chwaith –

Fe aeth y pethau yna
A'r ninnau yna heibio."

"Eto," meddai yntau,
Yn ei wely mewn ystafell wen,
"Fe allwn ni,
I gyd ohonom ni, gofio."

UNWAITH ETO – GYDAG WYRION

Unwaith eto – tractorau;
Unwaith eto – lorïau;
Unwaith eto – peiriannau,
I gyd yn ogoneddus ac enfawr.

Lle bu fy meibion unwaith
Yn gwirioni ar fecanyddwaith
O bob rhyw,
Yn awr y mae fy wyrion
Yr un fath yn union.

A dyma finnau, mi wn,
Yn dargafnod, am yr eildro,
Amryfal enfawreddau
Sy'n rhan bwysig o'u bywydau.

Y CWESTIWN SYLFAENOL

Y cwestiwn sylfaenol ydi –
O ble y daeth, a phle y daw daioni?

Y mae hi'n amlwg ddigon inni
O ble y daeth drygioni.

Y mae'r esboniadau gwyddonol –
Hynny ydi, yr esboniadau sydd
Yn bresennol yn dderbyniol –
Yn awgrymu fod bywyd,
Gan gynnwys ein bywydau ni,
Wedi dechrau dod i fodoli
Un waith, un waith yn unig
Ar y ddaear hon, biliynau
Ar filiynau o flynyddoedd yn ôl
Fel bacteria, dan amodau anffafriol.
Y bacteria yma a ddaeth,
Trwy gyfnewidiadau,
Yn gelloedd a rhywogaethau gwahanol
A oedd, yn feunyddiol, yn cystadlu
Â'i gilydd i fodoli
A'u hyrwyddo eu hunain,
Nes bod hyn yn eu harwain
I ddifrodi ac i ysu ei gilydd.
Rhyw fodoli fel hyn, fe ddywedwn i,
Sydd yn rhoi bod i ddrygioni.

Ond i ganol y merbwll hwn
Fe ddaeth, o rywle, ddirgelwch daioni;
Gan ddechrau, efallai,
Gyda gofal rhywogaethau
O greaduriaid am eu rhai bach,
A mynd rhagddo

Nes cyrraedd atom ninnau
Y ddynol ryw, a datblygu –
Mewn rhai ohonom ni –
Yn rhannu, a charedigrwydd,
Yn ymgeledd, ac yn gariad,
Brawdoliaeth y ddynoliaeth.
Pethau fel hyn, pethau fel hyn
Y gallwn ni eu galw yn ddaioni.

Y daioni hwn,
Y dirgelwch rhyfeddol hwn:
I amryw ohonom ni, Duw ydyw,
Y Duw sydd ynom ni.

YMA

Yr ydym ni yma,
Yn byw mewn bydysawd
Na wyddom ni ddim beth ydi ei oed,
Wedi'n hamgylchynu â sêr
Na allwn ni ddweud beth ydi'r pellter
Rhyngom ni a nhw
A rhyngddyn hwythau a'i gilydd;
A'r bydysawd hwnnw yn llawn o fater
Nad ydym ni'n ei adnabod,
A hwnnw'n ufuddhau i ddeddfau
Nad ydym ni, hyd yn hyn, yn eu deall.
A ni i gyd, y cwbwl lot ohonom ni,
Wedi ein rhaglennu, ryw ben,
I beidio â bod yma.

GWARCHOD

Y mae o, yn ddwy,
Fel y gellid disgwyl,
Yn afresymol.

Yr wyf finnau,
Dros oed yr addewid,
Yn mynd, yn feunyddiol,
Yn fwyfwy afresymol.

Am hynny yr ydym ni –
Fo a fi –
Yn dod at ein gilydd
Mewn rhyw ganol aflonydd,
Ac yn deall ein gilydd i'r dim.

Ond pa mor afresymol
Bynnag ydw i,
Dydw i, eto,
Ddim mor afresymol
Â fo.

A sut y gwn i hynny?

Wel, wrth inni fod
Ar ein boliau wrthi'n chwarae
Â'n lorïau, ac wedi ymgolli
Yn y cyfryw ddwys weithgarwch,
A tharo o'i Nain o heibio,
Fe'i gwelais i o yn codi
Ac, os gwelwch chwi'n dda,
Yn ei gwthio hi i gyfeiriad y drws
Gan ddywedyd y geiriau –
Gwleidyddol gatastroffig –

Geiriau a glywais i,
Gyda dychryn mawr ac arswyd:
"Nain. Gegin. Bwyd."

Ond bwriwch chwi ei fod o'n brifo
Yna, 'n sydyn,
Ei Nain fydd arno fo
Ei heisio wedyn.

EGLWYS COLEG CRIST, CAER-GRAWNT

(Y brenin Henry VI a osododd garreg sylfaen
yr adeilad hwn, yn 1441)

★ ★ ★

"It is chiefly from that standpoint that I write of them [ffilmiau – ni sonir am deledu: y mae'n debyg y byddai wedi bod hyd yn oed yn fwy llym am gynnyrch y cyfrwng hwnnw] – as an eruption of trash that has lamed the American mind and retarded Americans from becoming a cultured people."

Ben Hecht (1893-1964), sgriptiwr ffilmiau:
dyfyniad o'i hunangofiant, *A Child of the Century*, 1954.

"Naw wfft i'r werin datws,"
Meddai'r Rex, Henricus Sextus –
Yn gynamserol fel mae'n digwydd:
"Mi godwn gapel, un gwerth chweil,
I addoli Duw mewn steil.
Ac am y werin ddywededig
A'i chwaeth arisel, ddiarhebol Seisnig,
Mi adwn ni i honno stiwio
Gan anwybyddu ei phrotestio;
Achos daw ei thro'n hen ddigon buan
I greu ei mynegiant unigryw ei hunan.

"A chyn inni droi, fe fydd hi –
Synnwn i ddim, dywedaf i chwi –
Yn lluniau beunyddiol,
A diau'n rhaglenni, cyfresi ar gyfresi
Fydd yn crafu gwaelodion pob casgenni;
Lle bydd rhyw dwpsyn, synnwn i ddim,
I dwpsynnod, hyd yn oed dwpach, yn gofyn

'A wyddoch chi eich enwau?' –
Ac, os gwyddant, fe gânt wobrau
O rai miloedd o bunnau.

"A synnwn i ronyn
Na fydd yna wedyn
Doriadau bob hyn-a-hyn yn y twpdra
I hwrjio ar ein gwerin datws
Bob math o nwyddau y mawrheir eu statws
Diddim er mwyn i'n gwerin ni eu prynu
I dalu'n ôl y gwobrau hynny
A enillwyd – a mwy wrth gwrs –
I'r rheini sy'n ysu am feddiannu pob pwrs.

"Felly, hogiau, ymrown ni yma
I greu adeilad llawn o Gloria,
Oblegid prin y ceir yn y dyfodol
Fawr o ddim fydd yn rym dyrchafol."

CANTOR

Chwe blwydd oed,
Dim ond hynny;
Chwe blwydd oed,
Yno, mewn ysbyty,
Mewn gwely,
Mewn poen,
Ac yn wylo o wybod,
Yn egr iawn, fod
Ei oleuni o yn pylu,
Ei fod o yn cael ei dynnu,
Ei dynnu i dywyllwch,
Ei dynnu i mewn i ddüwch –
Yn chwe blwydd oed.

Ac yna dyma fo
Yn troi ei wyneb, yno,
Mewn gwely
Mewn ysbyty,
Tua'r pared.

Ac yna y mae o'n clywed,
O'r ystafell nesaf,
Y gerddoriaeth odidocaf –
Arïau operâu –
Fel hudoliaeth yn ei glustiau.
A bu i hynny, yn rhyfeddol,
Fel treiddgarwch ymbelydrol,
Liniaru ei ddioddefaint,
Cymedroli rhywfaint
Ar ei boen o yno
Mewn gwely,
Mewn ysbyty
Yn chwe blwydd oed.

Y grym o'r tu draw i'r mur
A ddaeth i esmwytháu ei gur
Ag eli ei lawenydd
A'i gwnaeth o, un dydd
Yn ei ddyfodol,
Yn bêr-ganiedydd cwbwl,
Cwbwl wyrthiol.

DYFFRYN Y BRENHINOEDD

Yn yr Aifft y mae
Hen, hen bethau;
Hen bethau o wneuthuriad dynion.

Ond hŷn na'r rheini ydyw'r afon,
Yr hyd hwnnw o ddisgleirdeb ffrwythlon
Sy'n heidreiddio yr anialwch
Gyda lliwiau a hyfrydwch.
Hŷn na'r pethau hynny, hefyd,
Yw'r dyffrynnoedd sych a llychlyd
Lle mae'r haul yn felyn ffyrnig
Yn pelydru o'i hynafiaeth gosmig.

Yn Nyffryn y Brenhinoedd,
Er holl swynion dynion hen, hen oesoedd,
Yno, hefyd, y mae, y mae
Yr hen beth arall hwnnw, angau,
Yr hwn a ddarostyngodd ddynion
I gilfachau y cysgodion,
I deyrnasoedd y gwaelodion
Tywyll hynny lle nad oes na brenin
Lliwgar, rhodresgar, na neb o'r werin
Ddistadlaf, dlotaf, isaf un
Yn gallu cadw yr ysgafnaf ffun
Yn eu geneuau yno.

Eto, y mae yna gyffro
Pobol o hyd,
A bywyd o hyd
Ar yr afon ac yn y dyffryn yno –
Ac y mae hyn yn hynafol;
Yn hynafol, a pharhaol, hefyd.

CASTELL DOLWYDDELAN

Efallai i Lywelyn,
Llywelyn Fawr ei hun,
Ddodi ei ddwylo,
Ac yntau yn blentyn,
Ar y meini grymus hyn.

O, moesymgrymwn yma
Wrth yr olion ola' –
Oni fyddwn ni'n ofalus –
O'n Cymru druan,
Drist, adfydus.

PULPUD HUW LLWYD

(*Yng Nghwm Cynfal, Ffestiniog*)

Y garreg hon, yng ngrym y dŵr
A dwndwr y rhaeadrau –
Bu hi yma yn yr afon hon
Yn gadarn, gry' trwy'r oesau.

A bydd hi yma yn y dŵr,
Yn afon y canrifoedd,
Mor ddisymud ag erioed
Ynghanol treiglad pobloedd.

Y DRWG YDI

Y drwg ydi
Ein bod ni –
Y cwbwl lot ohonom ni –
Yn gwybod o'r gorau,
O ddyddiau ein llencyndod,
Ein bod ni wedi'n prosesu
I beidio, yn y byd hwn, â bod;
Ein bod ni, i ddiweddu ein dyddiau,
I bydru mewn beddau,
Neu losgi, yn gols, mewn ffwrneisi.

Felly y mae hi.
A fedrwn ni, wyddoch chi,
Ond gwneud y gorau o bethau,
A rhyw ddygnu arni,
O ddydd i ddydd,
I chwilio am hynny y gallwn ni
Ei grafu o lawenydd.

TWTANCAMŴN,
AC AMBELL GWESTIWN

Ydi o a'i debyg, os gwn i,
Yn dal mewn bodolaeth
Ar ôl yr holl drafferthion cymhleth
I geisio gorchfygu marwolaeth?

A ddaw y defodau cyfrin
A ddatgelwyd, mor dyner inni,
O lwch y diffeithwch;
A ddaw y defodau hynny
Â'r bodau, sydd wedi eu trin,
Drwy'r tywyllwch
I ddirgelwch goleuni tragywydd?

A fu i ddadfachu – drwy y ffroenau –
Yr ymennydd;
I ddidoli'r organau mewnol
A'u dodi yn y ffiolau canoptig;
A fu i baratoi lluniaeth, meddyginiaeth,
Y moddion affrodisiag,
Yr oreuredig arch,
A'r hyn a storiwyd yn y beddrod maen
Gyda geiriau a delweddau
Y daith derfynol, olaf un –
A fu i hyn oll
Hebrwng y meirwon i wyddfod y duwiau?

Ynteu ai cael eu gorchfygu gan amser
A phydru a wnaethant hwythau –
Fel yr amaethwyr tlawd, hynafol hynny
A fu'n ymlafnio byw ar lannau y Neil?

Ynteu, eto, a ydym ni,
Wrth ynganu enwau y meirwon, y mawrion –
Y rhai hynny a hebryngwyd
Mor seremonïol i'r bydoedd gwelwon –
Yn dod â hwy, fel y dywedid gynt,
O'r newydd yn fyw?

Y MAE PROFION

Y mae profion ein dyddiau ni
Yn awgrymu inni
Ein bod ni –
Bob un wàn jàc ohonom –
Yn diffodd, yn darfod,
Yn peidio â bodoli.

Ond beth am y pethau hynny
O'r ochor draw i angau –
Yn furmuron a drychiolaethau –
A lwyddodd, rywfodd,
Trwy oesau bodolaeth dyn
I osgoi gosodiadau awdurdodol,
A dyfarniadau rhesymol,
Gwyddonol, terfynol?

A beth am y llewychiadau hynny
O oleuni arallfydol
Sydd y tu hwnt i unrhyw
Ffenomenon naturiol?

A beth am y pethau hynny
Sy'n cyfodi, cyfodi'n dragwyddol
O ofni a rhyfeddu?

UN SWRREALAIDD DDAFAD

Y mae bod yn llew yn o-lew;
Gall rhywun fod yn flaidd,
A hynny yn weddol eiddgar –
Er mai'r creadur gorau i rywun fod,
Yn fy marn i, ydi teigar.

Yna, wedyn, y mae yna rai creaduriaid –
Dyweder, y neidar –
Na ddylai neb orfod bod;
Ac y mae hi, hefyd, yn beth anfad,
Yn fy marn i eto,
I unrhyw un orfod bod yn ddafad.

Ond bod yn ddafad fu hi
Arna' i; yn wir, yn wir i chi.

"Taid," meddai, "fe gei di,"
(Diolch yn dalpiau, del), "fod yn fa'ma
Yn ddafad; ac mi fydda i
Yn ffarmwr." Ac fe'm sodrwyd i
Ar y mat o flaen y tân, i bori –
Orau 'medrwn i.

Yna, yn y man,
Ar yr awr gymeradwy i ffarmwr,
Daw yntau, ac yn ei ddwylaw
Borthiant dychmygedig:
"Dyma i ti dy gig."

Mae bod yn ddafad
Yn ddigon o ddarostyngiad
I unrhyw fod dynol, greda' i;
Ond y mae gorfod bwyta cig,

I ddafad lysieuol –
A hynny o argyhoeddiad –
Yn gyflwr afresymol.

Fe ballais ag ymatal:
"Yli di, Dalí," meddaf fi,
"Yr ydw i'n rhoi'r gorau i'r
Fath swrrealiti."

'Wn i ddim ai ymateb i'r gyfeiriadaeth
A wnaeth, ond fe aeth i nôl ei lori
Ac fe gefais i (O, ddedwydd ddigwyddiad!)
Fod yn Ddyn-Garej-Disyl –
Sydd yn dderbyniol-gymeradwy i fod,
O'i gymharu â bod yn ddafad.

GÊM BRAF YR HAF

Ar brynhawngwaith teg o haf hirfelyn,
O'r pleserau, diau, 'r gorau un
Yw oedi, dro, 'n yr awyr fawr agored
Yn mwynhau gêm gain o griced.

Dyma'r maes yn wastad, gwyrdd ac araul –
Arno, bodau rhithiol sy'n yr haul,
Yn wynion, yn gyfrannog mewn hen ddefod
Hudol, hudol, llawn rhyfeddod.

Rhithiau gwyn y maes, a ninnau hefyd
Sydd ar odre'r hud, nyni i gyd
Â'n sylw arni hi, un belen fechan,
Fechan, goch – ac annarogan.
Hi yn wyllt, fe all felltennu'n odiaeth,
Teithio'n burion, union syth fel saeth,
Neu'n gyfrwys, gyfrwys a chyffrous iawn droelli,
Chwalu'n ffyrnig goed wicedi.

Hi yn orfoleddus gaiff ei chlatjio,
Saetha'n sgarlad trwy y nen, ar dro,
Neu gall hi lynu'n hollol wyrthiol, weithiau, 'n
Dynn mewn dwylo 'ddeil daflegrau.

Bydd yr haul, yn aur ei ysblanderau,'n
Machlud, dro, a'r nos yn agosáu
Pan droediwn ni o gartre'r gogoniannau'n
Llawn bendithion a moliannau.

YMARWEDDIAD
POST-GRISTNOGOL

"Ceisiwch, da chi," meddai'r Pregethwr –
Ac yntau yno'n un o dri,
A dau o'r rheini'n neinti –
"Ddangos dipyn bach o frawdol,
A chwaeryddol, gariad.
Yn yr hen fyd yma; da chi,
Ceisiwch wneud y pethau bychain.
Er enghraifft, ceisiwch ar daith bywyd,
Gyfarch eich cyd-fforddolion
A thrwy hynny, ond odid,
Leihau ychydig ar eu gofid,
Goleuo düwch eu tywyllwch,
Lliniaru eu hunigrwydd:
Dyna'n, ddiau, ein dyletswydd."
A dyma yntau, y bore Llun canlynol,
Yn gweld ar yr heol, fel y tybiai,
Ryw druan bach di-wên, trallodus,
Unig, unig a gofidus.

"A sut ydych chi 'ta, bora 'ma?"
Meddai.
Edrychodd y truan di-wên, trallodus,
Unig, unig a gofidus arno
Yn waeth na demi-Gorgon;
Poerodd fflemsan felan a dywedodd wrtho –
Mewn Saesneg neu Espedwarecceg –
Am "Rywiol gyfathrachu ymaith",
Neu eiriau annwyl i'r un perwyl.

"Os felly y mae'i dallt hi,"
Meddai yntau, ac anogaethau'r Sul
Yn pylu i'r gorffennol,

"Cym' hon'na, ynta, 'r bastad mul,"
Gan estyn iddo fo, ar flaen ei drwyn,
Swadan deilwng o'r Pedwerydd Rambo
A'i dododd o mewn gwely
Am dridiau mewn ysbyty
I fyfyrio peth mor ffôl
Yw hi i fyw yn ôl
Ymarweddiad post-Gristnogol.

Y GELFYDDYD GAIN O YMGOMIO

"Welist ti'r be-ti'n-galw-fo 'na
Y noson o'r blaen?"

"Ar y teli 'ti'n feddwl?"

"Sâl. Sobor o sâl, a'r bôi 'na,
Be 'di enw fo – ti'n gwbod –
Y bôi tew 'na sy ar bob dim . . ."

"Hwnnw sy 'di prodi honno
Oedd ar y peth 'nw bob wsnos."

"'Na chdi, hwnnw.
Ddim yn gallu actio mwy na llo."

"Uffar gwirion sa ti'n gofyn i mi."

"Dyna fo, hwnnw."

"Na welis i mono fo,
Na'r be-ti'n-galw-fo."

"Ti'n lwcus.
Watjis inna mono fo i gyd.
Wâst o amsar.
'Swn i'n gallu gneud yn well 'yn hun."

"'Sa pawb. Dim problem.
Prês am jam."

"Ac am fod yn jami."

"Jami. Ti'n iawn.
Llawar gwell bod yn fa'ma."

"Dyna ydw inna'n ei ddeud –
Ysywaeth."

UN TRO

Un tro, ar bíyr Bangor,
Hanner y ffordd rhwng glan a môr,
Fe ddarganfu fy mab, yn ddwy a hanner,
O dan y styllod greadur
A alwyd, wedyn, fel y cofia' i
Yn Grocodeil Afon Menai.

Ddeugain mlynedd, fwy neu lai,
Yn ddiweddarach beth a glywa'-i
Ond fy ŵyr, hefyd yn ddwy a hanner,
Ac yntau wrthi'n bwydo'r adar
Ar lan yr union afon hon
Yn dweud, a hynny'n sicir ac yn siŵr,
Wrth weld yn dod, o'r dŵr
I'r golwg, hyd du o garreg hir,
"Croco-déil." A byr-gwmpasir,
I mi, ffrwd ddilestair amser,
Fel y cydir ennyd o'r presennol
Wrth ennyd arall o'r gorffennol
Nes creu argraff o ystad
Lle mae 'na rywbeth sy'n dragwyddol.

ELYRCH

Ar y dŵr, ar y dŵr
Yn dyner, yn dyner,
Heb bryderu nemor ddim
Ar ei loywder, ei loywder

Roedd yno dri alarch;
A'r tri ar y dŵr
Yn dawel, yn dawel,
Diddwndwr, diddwndwr.

Yn hwyr y prynhawn
A'r haul ar eu plu
Y daethant, yn dyner,
Â'u gwynder i ni.

Fe ddaethant o'r awyr,
O'r asur sydd fry,
Yn wyn, fel angylion,
O ryw lendid a fu.

YR UN GAIR ALLWEDDOL

Y gair allweddol,
Y gair hanfodol
I ni, y Cymry, ydi 'Colli'.

Y mae ein holl hanes ni
Yn un gyfres hir o Golli,
Colli, Colli.

O'n dechrau un yr ydym ni
Wedi gorfod dygymod a dygymod
Â methu, methu, ac â darfod, darfod.

Dyna inni y Colli cyntaf hwnnw,
A'r Eingl hynny yng Nghatraeth
Yn ein darnio ni, ein baeddu ni.
Dyna inni, wedyn, yr hen Lywarch ym Mhowys
Yn bodoli'n ddiorffwys,
A gwŷr Mersia yn rhempio ei deyrnas.
Dyna inni y galanastrau galarus
Pan dorrwyd pen ein llyw, Llywelyn;
Pan ddiffoddwyd, mewn rhyw encil, Glyndŵr;
Pan ddaeth y Tudur hwnnw, Harri,
I orsedd Prydain a throi'n Sais;
Dyna inni y pardduo a fu arnom ni
Trwy Frad y Llyfrau Gleision;
A dyna inni, yn ein hamser ni,
Ein geiriau yn ein geneuau yn darfod,
Yn darfod, i gwbwlhau
Y gyfres hir, hir hon o Golli, Colli, Colli.

"Yes massa, we dead,
We dead; we dead, dead, dead;
Thank you merry much."

RHAN ISRADDOL

Rhan israddol, a hynny yn wastadol,
Sydd i mi yn ein chwarae ni.
Y mae'n wir fod gen i,
Fel y mae ganddo yntau, y teirblwydd, ei helmet –
Y mae gennym ni'n dau ein helmetiau –
Ar gyfer ein prif chwarae,
Sef yw hwnnw, arwrol anturiaethau
Y tra hynod, a'r gwir hyglod
Sam Tân.

Rhan Sam, wrth reswm, yw ei ran o;
A'm rhan innau yw rhan yr is-wron hwnnw,
Elvis Criddlington.

Ddyddgwaith, wele yr oedd y Sam arwrol hwn
A'i gydymaith cynorthwyol,
Yr israddol Elvis,
Wedi eu galw – a hynny ar berwyl arferol –
I fynd i chwilio (unwaith eto!)
Mewn rhyw ogo'
Am Norman Preis a Mandy.

Yn nhywyllwch cul y creigiau
Yr oedd yr hulpyn annwyl hwnnw, Preis,
Wedi'i dynn gaethiwo;
Ac yno, gydag o, caethiwyd hithau, Mandy.

A'r ddau ddyn-tân a gyraeddasant
Enau y tywyllwch, ceg y düwch.
Yno oedodd ein harwr, dro, a dywedyd,
"Elvis, dos di i mewn yn gynta' –
Rhag ofn fod 'na ddeinosor yna."
Ac felly, yr israddol Elvis
A wthiodd ei ffordd yn garcus

Rhwng y gadair fawr a'r soffa
I'r tanddaearol dywyllwch eitha'.
Yna, ar ôl sicrhau yr arwrol Sam,
Nad oedd yno, yn siŵr, yr un deinosor,
Daeth hwnnw i mewn i achub y ddau a dod
Allan i'r haul – i dderbyn y clod!

Ar ran pob Criddlington, gofynnaf fi:
"A ydi peth fel'ma yn deg, meddwch chwi?"

TIME AND TAID

Fel un a fu'n o ddifraw (wel, gweddol) yn ei ddydd
Yr ydw i'n fy nghael fy hun,
A hynny, bellach, beunydd,
Ac, yn sicir, flwyddyn ar ôl blwyddyn hir
Yn tyfu'n fwy o stojddyn.

"Cym' bwyll, paid ti â mentro".

"Does dim rhaid iti redeg a rasio".

"Tyrd i lawr, da chdi, o fan'na".

"Cym' di ofal yn y tonna' ".

"O'r pwll 'na, mêt, rhag ofn i ti
Wlychu dy sgidia, diar mi".

Ac, yn niwedd fy nyddiau,
Yr amlaf un o'm geiriau
Ydi: "Paid".

Peth fel yma, felly, y mae'n rhaid,
Ydi'r stad o fod yn daid.

ENWAU

Trwy fy anhunedd weithiau,
Ysgatfydd, fe ddaw enwau
I fy mhen o'r hen amserau.

Robert Gwyn, Wyn Davies,
Rees Davies, Dewi Z.,
Geraint Wyn a David Arwyn;
A'm hen, hen bartnar, Bysdyr.

O'r dyfnderau,
O'r tu hwnt i'w hangau
Daw alaeth weithiau,
A daw hiraeth;
Ac o'r tawelwch tragywydd,
Fe ddaw 'na, i f'ymennydd,
Dystiolaeth lafar am eu bywydau
Yn ynganiadau croyw eu henwau.

YSTAD BARDD, ASTUDIO BYD

Un dyn, a hwnnw ar ei din
O flaen ei set deledu,
Yno'n bodio'r *Radio Times*,
Ac yn dywedyd:
"Deg a Phedwar Ugain o sianeli,
A dim byd gwerth shit
Ar unrhyw un o'r rheini."

Un dyn, hwnnw eto ar ei din,
Â'i drwyn mewn papur newydd,
A'i gymar yn dywedyd wrtho,
"Coda, coda da chdi, dy draed
Er mwyn i mi gael hwfro."

Y dyn llefrith, ar ei dro,
Yn y ffordd yn stopio
Ac angen yno, yn y tŷ,
Ddau beint yn chwaneg ganddo;
Y dyn glew, oedd ar ei din,
Yn rhedeg allan ato.
Ac o'i ddychwelyd, llais go gas
Yn dywedyd wrtho,
"Sawl gwaith y mae
Yn rhaid i mi
Ddweud wrthot ti
Am beidio â mynd mas
Yn dy slipas!"

Un dyn yn ei wely
Yn hyfryd iawn yn cysgu,
Nes iddo gael ei ddeffro
Gan yr arferol ddywedyd,

"Rwyt ti, yntê,
Yn tynnu'r dillad i dy ochor di
A 'ngadael i yn rhynnu.
Ac, at hynny,
Yr wyt ti
Yn byddarol, fyddarol chwyrnu."

I ddyn bach 'does dim ar ôl
Yn gysur, yn nhreialon bywyd,
Ond gwylio, unwaith eto,
Fideo yr Olympiad
O Foli-bôl y Merched.

DEWI Z. PHILLIPS

Wittgenstein:
Un oedd o na wyddwn i,
O'i enwi, ddim amdano –
Nes i mi gyfarfod Dewi.

Yn Rhydychen, fo a fi
Ar yr *High* yn disgwyl býs
Am sinema y Scala:
Yn sydyn, meddai, "Gwranda,
Gwranda," ac, yna, fe estynna
O'i fag y diwethaf un
O'i feunyddiol fyfyrdodau
Ar ddyfnion bethau athronyddol.
Gyda Dewi,
Felly'r oedd hi.

Rywle yn nhryblith pethau –
Athroniaeth, diwinyddiaeth,
Gwyddoniaeth a llenyddiaeth –
Fe ddôi 'na weledigaeth weithiau
A ollyngai i'n bodoli
Oleuni oedd yn nefol – wirioneddol!
Gyda Dewi,
Felly'r oedd hi.

Ond wedyn, dyna ni
Mewn caffi, a'r gwmnïaeth
Wrth wrando chwedlau –
Rhai nad oedd, yn wastad,
O ddilychwin chwaeth –
Yn ymollwng i radlon aflywodraeth
Tra iachusol chwerthin.

Gyda Dewi,
Felly'r oedd hi.

A! Dewi, pwy feddyliai
I lygaid fyth y deuai
Leithder dagrau
Wrth feddwl amdanat ti.

Yng ngwyddor ambell iaith
Z sy'n dynodi diwedd y daith:
Dewi Z.
Ond yng ngwyddor ein bodolaeth, Dewi,
Alpha, Alpha oeddet ti;
Alpha oeddet ti.

YR AIL RYFEL BYD

Nid lluniau o ynnau yn tanio,
Na delweddau o drefi yn cael eu malurio,
Na chyrff pobol mewn lle pell
Yn cael eu lladd a'u darnio
Ydi rhyfel; neu nid dyna yn unig ydi-o.

Hogiau, ydi o, yr oeddem ni'n eu nabod
Yn ein lle ni, yn eu mynd a'u dod,
Yn troi, am byth, yn enwau – difodolaeth –
Wedi'u cydio wrth eu cyfeiriadau:

Gruffydd Emlyn Williams,
Siop Twrog, Stryd Glynllifon –
Collwyd;

John Idwal Jones,
Ugain Stryd Glynllifon –
Lladdwyd;

David Palmer Evans,
Stryd Maenofferen, Un Deg Saith –
Collwyd;

Richard Griffiths,
Stryd Maenofferen, Un Deg Naw –
Lladdwyd.

Ein hogiau ni,
Eu bydoedd absennol,
Eu bywydau absennol,
Yr holl bethau hynny sy'n ddiddychwel;

Y diddychwel, diddychwel,
Dyna ydi rhyfel.

* * *

Os oes dibenion i farddoni,
Efallai mai un o'r rheini
Ydi fod rhywun – yma, fi – yn cofnodi
Ar freuder y papur hwn,
Yn fy iaith frau,
Yn fy ngeiriau brau, brau innau,
Gyda pharch, i'r hogiau hyn fodoli.

PYSGOTA

Y mae 'na rai fu wrthi, yn eu tro,
Yn 'sgota-nos o'r creigiau hynny
Sydd yn agos at hen gladdfa
Barclodiad y Gawres, ym Mona.

O'u blaenau hwy – yr heli hen,
Yn bwrw ei donnau yn dawel a chlên,
Fel y bydd o, yn ei dro,
Ar y creigiau duon yn fan'no.

Ac wrth eu cefnau – bedd
O feini, ar ei sefyll yn llonydd a stond
Ers hen, hen oesoedd;
Bron i bum mil o flynyddoedd.

Ac yno, yn sŵn suo, sŵn taro y tonnau
Bydd pysgotwyr, ar dro, o'u hôl yn teimlo
Fod rhywun – neu rywbeth – yno
O'r beddrod hen hwn yn eu gwylio.

Mae'r angau sy 'na yn y meini'n gaeth
Yn tragwyddol gadw gwyliadwriaeth
Ar y bywyd sy 'na'n treiglo,
Yn ei dro, o'i gwmpas o.

A daw i'r lan o hen ddyfnderau,
Daw i'r wyneb, trwy hen feddau,
Furmuron gwelwon tragwyddoldeb
O'r mannau lle nad oes 'na neb.

A'r synau hen sydd yn dywedyd
Nad oes 'na, drwy yr oesoedd, neb
Sydd i'r affwysedd mawr yn suddo
Yn peidio â bod. Y maen' nhw yn dal i nofio,
Fel pysgod, yn y tragwyddoldeb yno.

ALELWIA

"Alelwia," meddai'r Salmydd,
"Molwn ni yn awr yr Arglwydd."

Ond erbyn hyn nid ydym ni,
Y goleuedig, ddim yn moli;
Ac nid yw hi, o gwbwl, yn rhwydd
Inni gyfarch y gwagle ag: "Arglwydd".

Haws gennym ni, y dyddiau hyn,
Yw gosod ein ffroenau i lawr yn dynn
Yng nghafnau ein hunanoldeb
A, heb rannu yr un bytaten â neb,
Draflyncu y cibau a llyfu y pren
Cyn rhochian mewn baw a bytheirio'n "Hamen".

DIWRNOD DU YN Y TIR CRAS

"Heddiw," meddai Chris,
"Am ychydig o ddoleri
Fe fydda i, unwaith eto,
Yn fy ngalw fy hun yn 'Cwmwl Gwyn',
Fy enw i mewn Nafaho;
Fe beintia i fy hun â lliwiau rhyfel,
Fe wisga i blu,
Eisteddaf ar fy ngheffyl llwm,
Dywedaf hen eiriau fy nghyndadau
Ac actio bod yn fi fy hun.

"Fe ga i dynnu fy llun,
Fy saethu gyda fideo,
Fe wna i ychydig driciau
Ac yna, yna
Mi a' i'n ôl i'r tiroedd cadw."

Yn y wlad ddolerus hon,
Yma, a minnau'n Gymro,
Fe gydia yn fy nghalon
I iasau oer o ofn –
Pryd y bydd hyn yn digwydd i mi,
A phryd y bydda i yn fo.

MEREDYDD + PHYLLIS

(I ddathlu cyhoeddi cyfrol i anrhydeddu cyfraniad
y Dr Meredydd Evans a Phyllis Kinney i gerddoriaeth Cymru)

MRÊD
Yn Nhanygrisiau, mae hen enwau
Sydd i ti'n dynodi darnau
Gwerthfawr, gwerthfawr o dy fyw a'th fod –
Cyfnodau dy ieuenctid, dy blentyndod.

Dywedaf,
"William Morris Williams, Dwalad Roberts,
Siôn Gwyndy, a Jac Pant,"
Ac atgyfodant hwy, a deuant
Trwy len annelwig amser
O'u gorffennol creadigol
Yn ôl, yn ôl i dy bresennol.

Dywedaf fi,
"Y Foel, Graig Dipiau, Dolau Las,
Y Beudy Mawr, a'r Moelwyn,"
Neu dywedaf,
"Bethel, Carmel, a Bryn Mair,"
A daw'r byd difyr oedd yn bod
Yn ôl yn fyw, ddiddarfod.

Mae haenau hen o Danygrisiau –
Yn bobol, mannau, ac amserau –
Yn nyfnderau dy fodolaeth.

PHYLLIS
Yr ochor draw i dy fyd di, Meredydd Evans,
Yr oedd 'na bobol, yr oedd mannau
Nad oedden nhw yn bod i ti, yn Nhanygrisiau –

Ar wahân i ffilmiau.
Ac yn y byd pell hwnnw yr oedd hi
Yn enethig, Phyllis Kinney.

Roedd hi yn unig blentyn, ond nid yn blentyn unig,
Yn nhiriogaethau hen yr Indiaid Cochion:
Ei chynefin hi oedd Pontiac, a Detroit,
Chicago, a Lake Michigan,
Ac, wrth gwrs, Adventure Island.
A gwyddai hi, a'i mam
Tra bu'n anhwylus, am
Fflorida a'i heulwen deg – a'i hawyr laith;
Ac wedyn gwyddent am
Wres sych ac ardderchowgrwydd Tucson,
A grymusterau cochion y Grand Canyon.

Cymeriadau ei hieuenctid hi?
Dyna'i mam hi, Lois, a'i byd yn llawn
O lyfrau fyrdd a llên;
A James, ei thad, a weindiai, dro, o'r gramaffon
Tannhäuser Wagner, a *Nos Ŵyl Ifan* Mendelssohn.
A dyna'i Nain a âi â hi i'r pictjiwrs
I weld dau Lun Mawr – y *double features*!
Ac a'i dygai i gefnogi
Y Chicago White Sox, ac a'i cyfarwyddodd hi
Ynglŷn â *Ladies' Day* a'r *Double Headers*,
Ac a ganai iddi hi emynau mawr y diwygiadau –
"*Washed in the Blood of the Lamb.*"
A dyna yntau, Dewyrth Skipper, morwr hy
Boys' Camp Adventure Island.

Dyma nhw: eu dau fyd, dau fath o bobol.
Ond dyma ddau yn un a dynnwyd – yn briodol!
Dyma ddau 'oedd ar wahân
Ond a wnaed yn un
Gan gynghanedd ac ymgeledd Cân.

HYFRYD EIRIAU

"Hyfryd eiriau'r Iesu" –
Dichon eu bod felly,
Ond wyddom ni mo hynny.

Geiriau diarth ydynt:
'Wyddom ni mohonynt,
Ni wrandawsom arnynt.

Beth ydyw ein dysgeidiaeth?
Techno-ymwybyddiaeth
Yw ein gwaredigaeth.

Beth ydyw ein gwybodaeth?
Da yw materoliaeth;
Drwg yw cyd-ddibyniaeth.

Dyma'n dysgeidiaethau,
Dyma'n gwybodaethau, ·
Dyma nhw ein geiriau.

Dwedwch chi, yn awr, i ni
Ai rhyw eiriau felly
Ydoedd hyfryd eiriau'r Iesu?

A FO BEN, BID BONT

"A fo ben," meddai Bendigeidfran,
"Bid bont," cyn gorwedd dros afon
Ddu, derfysglyd, estron.

Ac wedi bwrw clwydi arno,
Ei lu o Ynys y Cedyrn 'aeth drosto
I le o dywyllwch y mae'n rhaid myned iddo.

I le lle y taflwyd etifedd dwy deyrnas
Yn wysg ei ben i fflamau eirias
Tân anniffoddadwy angau.

I le lle y drylliwyd Pair y Dadeni,
Lle y clywyd sŵn ing ac ochain a malu,
Lle 'gostyngwyd i lawr wŷr cryfion i'r pridd.

I le yr hwyliodd, o'i dywyllwch, yn ôl
Saith gŵr yn unig yn ddihangol,
Ac un dywysoges drallodus, a Phen.

Ar Ynys y Cedyrn yn ôl, meddai hi –
Y dywysoges – a'i chalon yn torri,
"Da a ddiffeithiwyd o'm hachos i."

Y Pen Bendigaid, o lan bellaf afon angau,
Yn unig a gynhaliodd yn ei bobol y golau
O'r hwn y mae bywyd, yn ei bryd, yn ailgynnau.

TOMOS LEITNING LEWIS

I'r rhai anhrenus yn ein plith –
Y mae eu nifer tebygol o rif y gwlith –
A'r rheini nad ydynt yn injanius
Esboniaf fi mai injan drên
Odidog, las ydyw Tomos.

Wrth yr angharfarwydd fe ddywedaf
Mai car yw Lightning McQueen;
Ac ychwanegaf mai fo yw'r cyflymaf
Ac, at hynny, y medrusaf
O'r holl geir rasio sydd yna
Yn Unol Daleithiau America.

Yn rhinwedd ei berchenogaeth
O ddifidîs tra lliwgar ac anturus
Yr oedd yr wybodaeth hon –
Ac yntau yn dair –
Yn gyfarwydd a gwybyddus
I Iestyn Caradog Lewis.

Ac yntau'n rhyw ddygymod
Â'r newydd – a oedd yn rhyfeddod –
Eu bod yn disgwyl,
Ryw dro yn y dyfodol,
Ychwanegiad at y teulu
Fe gymerodd o, ar untu,
Un dydd ei dad a dywedyd:

"Yr ydw i wedi meddwl
Am enw i babi tŷ ni."
"Da iawn," meddai ei dad,
"A be ydi hwnnw?"
"Yr enw ydi Tomos."

Dywedodd y tad ei fod, yn ddi-os,
Yn cymeradwyo yr enw Tomos.
"Y mae yna enw arall,"
Meddai Iestyn wedyn.
"A be ydi'r enw hwnnw?"
"Yr enw ydi Leitning."

Oedodd y tad am ennyd, yn syfrdan,
Yna lled-ofynnodd, "Ond . . . ym . . . beth,"
(Gobeithio'r tad!)
"Petai ein babi newydd ni'n hogan?"

PAM NA FYDDAI FO?

Wrtho fo
Doedd waeth i rywun heb â dweud,
Doedd o
Ddim yn dymuno peidio â gwneud
Fel, fyd fyw, a fynnai.

Ddim am beidio, er enghraifft,
Â gyrru fel rhywbeth o'i go',
Rhoi ei droed i lawr, fel y dywedir,
Brecio-sgidio, mynnu pasio –
A hynny yn fynych ar dro –
A sgrialu mynd a rhuo.

Fe fu o,
Am sbel, yn ddigon lwcus
I dynnu drwyddi bob tro;
Ond, yna, fe ddaeth ei ddydd.

Ond, fel yr oedd hi'n digwydd,
Yr oedd o
Hefyd yn gyfrifol am ddyfod dyddiau
Ei gariad, a dau o'i ffrindiau gorau.
Fe blygodd corff ei gar o
Amdano fo, a'i gariad, a'i ffrindiau;
A bu'n rhaid eu tynnu nhw ohono fo
Yn ddarnau.

"Pam na fydda' fo,
Wedi gwrando?"
Meddai y rhai hynny oedd yn wylo
(Uwchben tameidiau o esgyrn a chig)
Amdano fo, a'i gariad, a'i ffrindiau lladdedig.

A fu i'r lladdfa hon
A'r hyn 'ddigwyddodd iddo fo
Fod o ryw fudd fel rhybudd
I eraill yn eu tro?

Naddo.

TJINOLIAETHAU

[Chinoiseries]

TERRA COTA

Penderfynodd yr Ymerawdwr Mawr y byddai
Yn claddu, i'w amddiffyn yn Nhir Angau,
Gatrodau ar gatrodau
O filwyr – terra cota, diolch i Dduw
Ac nid rhai byw –
A meirch rhyfel â'u gweflau a'u clustiau
Yn dynodi eu ffyrnigrwydd.

Ond, fel yn hanes pob dyn,
Pan fu o farw,
Ddaru'r hyn fwriadodd o, mewn ffydd,
Ddim digwydd.

Fe ddylai o fod wedi sylweddoli
Mai dros dro y mae pawb ohonom ni
Yma i fodoli.

Y mae digwyddiadau aruthr fel hyn
Yn dangos, fel angau unrhyw dlotyn,
Fod yna i'n bywydau ni,
Bawb ohonom ni, eu terfyn.

56

PYWYR RÊNJYRS

Os gwn i a fu i chwi,
Rywdro, gael eich deffro am dri
Y bore gan Bywyr Rênjyr?

Y mae hyn wedi digwydd i mi.
Ac yr ydw i wedi sylwi
Fod y plygeiniol ddeffroadau hyn
Yn cyd-daro i'r dim
Ag ymweliadau un o'm hwyrion,
Sy'n dair, â'n tŷ ni.

A, HEFYD, ANGYLION

Yn ei waeledd, yn ei wendid
Fe fynnodd o ddod, y Nadolig,
I'r capel i weled ei wyrion
Yn actio doethion, yn actio angylion.

Fe wyddai o, ac fe ofnai ei deulu
Mai dyma'r tro olaf y byddai o'n gallu
Dod allan i'r lle y byddai o ynddo'n addoli
Er pan oedd o'n ddim o beth.

Un mis yn union yn ddiweddarach
Yr oedd yna, yn yr un capel,
Dyrfa gref yno'n ffarwelio'n
Dawel ag o, yn alarus ag o;
Ac yn eu plith yr oedd yna ddoethion
Bychain, diddeall a, hefyd, angylion.

57

Y PEIRIANT

"Y Peiriant, y Mashîn:
Dyna inni y symbol pennaf,"
Meddai, "o brif ddrygioni'n
Dyddiau ni – o'n materoliaeth flin,
Caled a dideimlad; o'n hunanoldeb
Haearn; o olew tew ein trachwant;
A'n llwybyr rhugl i ddifodiant."

Daeth o yma, i draddodi
I ni ei neges, mewn car
Na allai – fe ymddiheurai –
Wneud hebddo, mewn congol (ddi-fws,
Di-drên, truenus o ddidrafnidiaeth –
Gyhoeddus) o gefn-gwlad
Ein pur hoff bau.

"Ia," meddem ninnau, "fel'na y ma'i,
Fel'na y ma'i, fel'na – mwya'r piti –
Yn yr hen fyd yma,"
Gan ddiffodd, wrth fynd adra,
Oleuni trydan a gwres canolog nwy
Ein neuadd, a gyrru – i gyd yn ein ceir –
Oddi yna.

HAWDDAMOR, EMRYS EVANS

(Ar ei ben-blwydd yn 90)

I amryw byd ohonom ni
Y mae 'na rai
Nad ydi bro y Blaenau,
Rywsut, yn bod yn iawn
Heb eu presenoldeb hwy;
Ac un o'r rheini,
Yn ddiau, wyt ti,
Emrys Evans.

Y mae argraffiadau ohonot ti
Wedi eu naddu ar hyd ein bro
Yn dynodi dy egni di a'th ddawn.

Fe soniwn am y chwarel:
Ac fe wyddost ti, o brofiad,
Yn dda iawn amdani hi,
Amdani hi a'r dynion hynny
A greodd, yn y dref hon, gymdeithas.

Fe soniwn am aberoedd dyfroedd,
Neu afonydd a llynnoedd:
A gwyddost ti, o brofiad,
Amdanynt hwythau hefyd.
Gwyddost ti am hisian y lein
Cyn iddi bryderu, yn dyner, y dŵr;
Gwyddost ti am osod westan,
Ac am gwch ar ddrych o lyn
Yn nhawelwch cyfrin,
Cyfareddol yr hwyr.

Fe soniwn ni am gapel
Ac am y cymdeithasau hynny
Sydd yma'n hybu hanes,
Gwarineb, diwylliant a llên:
Nid ydyw'n bosib inni
Ystyried y rheini
Heb feddwl eto amdanat ti,
Emrys Evans.

Gyfaill mwyn, yr ydym ni –
Bawb ohonom ni sy'n d'adnabod –
Yn diolch iti am dy fod di
Wedi cyfoethogi, â'r fath haelioni, dy fro,
Ac am iti wneuthur yn amgenach
Ein byd a'n bywyd ni.

DARFOD, BOD

Mae pethau yn mynd heibio;
Mae pethau yn peidio â bod;
Mae pob peth byw,
Yn ei dro, yn darfod.

Y mae ein bywyd, fel y dywedwyd,
Yn debyg i freuddwyd –
Ebrwydded yw,
Mor ansylweddol ydyw;
Pasiant darfodedig ydyw.

Ei ysblander i gyd a dderfydd.
Derfydd pob rhagoriaeth helaeth.

Ond derfydd pob dioddefaint hefyd,
Derfydd pob alaeth enbyd.
Derfydd pob poen,
Fel y derfydd llawenydd.

Y pethau oll a ddarfyddant –
Rhannau ydynt, rhannau;
Ac wrth inni ystyried hynny
Y mae, hefyd, yn rhaid inni nodi
Nad ydyw bod, fel y cyfryw, yn darfod.
Fe ddaw i'r byd hwn bethau byw beunydd
O hyd, o hyd o'r newydd.

Bydded, darfydded,
A bydded eto:
Dyna ydyw'r cylchdro,
Dyna ydyw olwyn bodolaeth,
Y bod a'r darfod olynol
Sy'n rhan o ryw droelli tragwyddol,
Tragwyddol.

CAU GIATIAU

Hen ŵr oedd o, ac fe ddaeth o
O'r capel gwag ar ôl i'r ychydig 'fu yno
Gilio a mynd adref.
Dyma, iddo yntau,
Yr amser i gau'r drysau
A rhoddi cadwynau a chloeau
Ar y giatiau.
Dyma, unwaith eto, ddiwedd dydd;
Unwaith eto ddiwedd dydd yr Arglwydd.

Dros y ffordd i'r capel, yn y stryd,
Yr oedd yna dri o lanciau
Meddw, ac yn eu dwylo nhw
Boteli; ac ar eu gwefusau
Regfeydd geirwon a llwon,
A chableddau rhyfygus.

Fe drôdd yr hen ŵr i'w hwynebu
Gan edrych arnyn nhw yn dosturus.

Cythruddodd ei dosturi y tri,
A chan weiddi yn aflan
Daethant ato, poeri arno,
A dechrau ei guro.
Dyrnau, poteli, esgidiau:
Cleisiau, doluriau, poenau.
Yna llonyddwch un lladdedig.

A daeth y gymdeithas i wybod
Fod hyn yn dynodi diwedd un cyfnod,
A dechrau, o ddifri', gyfnod newydd,
Un o ddistrywio, un o ddifrodi.

DINASOEDD

Ymysg dynion y mae ofn yn hen,
Oherwydd yma, ar y ddaear hon, y mae
Trwy aeonau amser, bethau
Sydd wedi peri inni arswyd,
Wedi peri inni y pryderon dyfnion hynny
Sy'n estyn hyd at seiliau ein bod.

Dyna inni gynddaredd natur,
Ac enbydrwydd yr elfennau.

Dyna inni lidiowgrwydd ein cyd-ddynion
Yn troi y byd yn waed,
Yn fyddinoedd arfog, a pheiriannau distryw.

Pa ryfedd, felly, ein bod ni,
Trwy oesoedd ein bodolaeth,
Wedi codi inni ddinasoedd caerog,
Gan roi ein hyder yng ngrym meini,
A chadernid magwyrydd.
A'n bod ni'n fynych wedi llunio –
I geisio'n gwarchod – geidwaid ar eu pyrth;
A'r rheini'n aml yn fodau o gerrig
Ac, yn aml, yn fodau y rhoesom ni iddynt,
Ynddynt – trwy ddychymyg – rym arfau
A chyneddfau anifeiliaid rheibus.

Ond, yn wastad, oddi mewn i'r muriau,
Oddi mewn i'n cadarnleoedd,
Oddi mewn i'n dinasoedd caerog,
Ac oddi mewn i ninnau
Yr oedd yr ofnau dyfnaf oedd wrth wraidd ein bod,
Y pethau hynny, fel y tybiem,
Oedd yn perthyn i'r tywyllwch;

Y pethau hynny, fel y tybiem,
Oedd yn yr eangderau cosmig;
A'r dyheadau enbyd hynny
Y gwyddem ni oedd yn ein c'lonnau.

A rhag y rhain i gyd
Does yr un ddinas yn y byd,
Na'r un ceidwad ar ei phyrth
'All ein cadw ni yn ddiogel.

PRYNHAWN DA O WAITH

Yr oedd, fe ymddengys, holl gathod
(Anweledig) yr ardal
Wedi dod ynghyd i gynnal jamborî
Mewn coeden braff yng ngardd ein tŷ ni.

Ac, o ddyrchafu fry i'r goeden,
Fe ddarganfuant i gyd na fedren' nhw
Ddod i lawr oddi yno.

Dyma, felly, argyfwng sy'n haeddu sylw
Yr unigryw Sam Tân
(Un o fy wyrion, sydd yn dair, ydi hwnnw)
A'i gynorthwywr israddol o,
Elvis Criddlington (rhan sydd, o raid,
Yn un gymwys iawn i'w daid).

A buom ni wrthi am ran o'r prynhawn
Yn achub y cathod anweledig hyn:
Elvis yn taflu rhaff dros un gangen,
Yntau, Sam – wedi ei esmwytho'n sâff –
Wedyn yn cael ei godi fry
Gan Elvis a oedd, wrth gwrs, yn tynnu.
Yn ystod y prynhawn o esgyniadau
A disgyniadau
Fe wnaethom ni
Achub deg a thrigain o gathod –
Ac un ci.

SUL Y BLODAU

Dyma un o'n hen ddefodau –
Y myned i daenu lliwiau
Dros rym gwelw, oer yr Angau
Ar y Sul sy'n Sul y Blodau.

Ond, ymhlith y beddau,
Wrth ddarllen yma enwau
Y rhai a 'hunodd', ni allwn ninnau amau
Nad yma 'bydd ein diwedd ninnau.

Ond, yma, gyda'r gwanwyn
Yn orfoleddus yn ei gennin,
A chyda'i egin addfwyn,
A'i adar yn bywiogi'r llwyni

Fe gyflëir yma inni
Fod mewn Bywyd ryw oleuni
Sy'n flynyddol yn dynodi
Fod grym odiaeth yn y Geni

Sydd cyn gryfed â thrueni
A llywodraeth lwyd y meini
Dymchweladwy a osodwn ni,
Yma, ar y rheini a fu yn annwyl inni.

Y GWIR PLAEN

Y gwir plaen ydi
Fod ei hymadawiad Hi
Â'r fuchedd hon,
O'r diwedd un, yn neinti,
O'r cartref lle y bu Hi
Ynddo yn araf, araf bydru
Ers deng mlynedd a mwy
Yn rhyddhad ocheneidfawr i'r teulu.

"O'r diwedd daeth y dydd
Y cawn ni fod yn rhydd
O ymweliadau achlysurol,
Cydwybodol – ac arteithiol –
I ganol myllni cynnes
Ei hystafell Hi; honno ac ynddi
Awgrymiadau o aroglau piso
Ynghanol ymdrechion
Glewion at ddiheintio.
O'r diwedd, daeth y dydd –
A diolch byth am hynny –
Y cawn ni fod yn rhydd."

DAFAD AC OEN

Wedi dyrchafu i'r uchelderau
Â'i greigiau, ei rug, a'i ffeg gwydyn,
Dan faich gwyn o gymylau
Fe ddaethom ni heibio i faen garw
A gweld dafad yno yn syllu yn syn
Uwchben ei hoen marw,
Gan snwyro ei wlân gwaedlyd
A'r corff bach, llonydd, llonydd –
A'r brain duon, yn eu hysfa ddi-baid,
Eisoes wedi bod yno yn tynnu ei lygaid.

"Y mae'n wanwyn," meddem,
"Y mae ein byd ni yn wyrth o ddeffro;
Ond yma, y mae geni a thranc,
Ac agwedd greulon goch-ei-chrafanc
Natur. Y mae llofruddio a llarpio
Yma, waeth beth fo'r gogoniant."

Dyna pam y daeth i bennau y saint
Egwyddor y Gwrthwyneb
I ddeuoliaeth Natur,
A dyrchafael gorau ein Dynoliaeth i ystad
A alwyd, ac a elwir yn Gariad.

DAU AMSER – DAU BERSON?

Rydw i yn ei chofio hi,
Yn hŷn o gryn dipyn na ni –
Yn briod ac, fel y dywedid,
Yn dipyn o 'hadan'.
Roedd yna enw iddi hi
Am ei 'haelioni' –
Cael a rhoddi tafliadau
Mewn amryfal welyau
Neu, hyd yn oed, hyd y lle
Ym monion rhai cloddiau.

Welais i mohoni hi wedyn
Am lawer, lawer blwyddyn.
Ac, erbyn hynny, roedd hi'n druenus,
Diolwg, a ffwndrus
Mewn cartref i hen bobol;
Wedi ei dodi yno, ers tro, ers tro
Gan ei chwcwallt o ŵr
A oedd, erbyn hynny,
Yn dal i allu mwynhau
Rhyddhad ei habsenoldeb.

A! BELLACH

A! Bellach, y mae credoau dwfn-ddefodol,
O bellterau ein gorffennol,
A ddeuai, yn eu tro, 'n flynyddol
I'n helpu i fyfyrio ar furmuron tragwyddoldeb,
Bodolaeth, a marwolaeth –
Y rhai hynny a ddeuai â'u delweddau
O Seren Ddisglair,
Preseb Tlawd, a Gwely Gwair;
Neu Groesbren Gwag, a Maen Treigledig,
Ac Un Rhyfeddol-Atgyfodedig –
Wedi ildio'u ffordd i Gracyrs,
Tinsel, ambell i Het
Liwgar; a Chwningod Tjioclet.

HAPUS. HAPUS?

Yn yr hen fyd 'ma dydi 'hapus'
Ddim yn ystad
Ac iddi hi unrhyw barhad.
Pan fydd yna oleuni,
Fe ellwch chi fod yn sicir
Na phery o ddim yn hir.
Rhyw ymlafnio yn y gwyll –
Dyna ydi hi i'r rhan fwyaf ohonom ni,
A derbyn yn ddiolchgar y golau
O'r canhwyllau byr eu parhad hynny
A ddaw heibio inni o bryd i'w gilydd,
A gobeithio, gobeithio
Nad eith pethau ddim yn waeth.

Os ydym ni yn hapus,
Y mae hi'n talu inni fod,
Bob amser, yn ofalus, ofalus.

HEB DDIM GWAITH

Does dim dwywaith
Fod diweithdra
Yn gallu bwyta yr enaid,
Ei ddifa fel asid sylffiwrig,
A lladd llawenydd.
A does dim dwywaith,
Ychwaith,
Fod yna, mewn Cyfalafiaeth,
Fel mewn Comiwnyddiaeth,
Fel mewn Arch-Dorïaeth,
Fel mewn Newydd-Lafuriaeth –
Yn magu, fel cynrhon –
Anghyfiawnderau trychinebus
Sydd yn creu Banceriaeth
A phethau y byddem ni, unwaith,
Yn eu galw yn Drachwant,
Barusrwydd, Crafangu, Myfïaeth;
Yr holl ddrygioni hwnnw
Sydd mor ddwfn yn ein dynoliaeth,
Sydd yn difa cymdeithas,
Ac sydd, o bryd i'w gilydd,
Yn creu ffrwydriadau ymysg dynion
A chwyldroadau – byr-eu-heffaith.

DIRIAID

Does ryfedd fod ein cyndadau ni
Wedi llunio dywediadau megis:
'Ni raid i'r dedwydd ond ei eni',
Ac wedi sylwi fod y 'diriaid' wedi ei nodi,
Trwy ei oes, i ddioddef trueni.

Ar hyd yr oesoedd y mae'r diriaid
Wedi bodoli i gario croesau,
I ddod, yn ddi-feth, ar deithiau
Ei fywyd hyd at oleuadau
Sydd, yn wastad, yn goch,
Yn ei rwystro, ei stopio
Rhag iddo fynd i unlle
Yn ei flaen.

Dim byd yn iawn,
Dim byd yn dda
Yng ngyrfa yr un diriaid;
Ac arno, yn dragywydd,
Y mae'r rhaid, annewidiadwy,
I fod yn ddiriaid,
Heb allu i newid ewyllys,
Heb allu i newid un dim
I fod o'i blaid.

(Un o hen syniadau ein cyndadau o Gymry oedd fod pawb yn cael ei eni un ai'n 'ddedwydd' (ffodus, lwcus), neu yn 'ddiriaid' (anffodus, anlwcus). Fe fyddai popeth yn ei fywyd yn mynd o blaid y 'dedwydd', a phopeth yn ei fywyd yn mynd yn erbyn y 'diriaid' truan – waeth beth y byddai'n ceisio ei wneud.)

ATEBOL I'R GOFYNION

Atebwch y gofynion canlynol.
A ellwch chi honni
Bod yn un da am:
    (a) Ddweud c'lwydda'
    (b) Lladrata
    (c) Rhoi eich buddianna' eich hunan yn gynta'
    (ch) Peidio â malio'r un dam am
          y tlota', y gwaela', y diniweitia'
          yn ein cymdeithas?

Galla'.

Da. Ac a ellwch chi
Guddio y cyfan o'r petha' yna
O dan gochl an*Nhelegraph*yddol
O rinwedda'?

Galla'.

Iawn 'ta.
Rydych chi yn un delfrydol
I fod yn ymgeisydd seneddol
I'n plaid ni,
Sef y blaid dragwyddol fwya' un,
Y blaid i Bob Un Drosto'i Hun.

ADUNIAD DWYFLYNYDDOL CYN-DDISGYBLION YSGOL Y MOELWYN

Fe ddeuwn ni ynghyd, fe wyddom,
Ac arnom olion ein blynyddoedd;
Ac, erbyn hyn, fe wyddom ni i gyd
Am bethau caled bywyd;
Ond rywsut, yma, am ryw hyd
Fe allwn ni i gyd hefyd –
Yn ddwyflynyddol, o'r newydd –
Brofi rhyw egwyl o drugaredd
Lle y gallwn ni weld y tu draw
I'n ffolinebau a'n ffaeleddau
At bethau amgenach bodolaeth.

Drwy ddrain einioes deuwn ni,
Yma, at odre rhyw oleuni
Sydd yn dangos inni –
A hynny'n ddi-os ac yn ddiau –
Ddaioni a diniweidrwydd ein dechrau,
A'r rhyfeddod oesol, anniffiniol hwnnw,
Y gwir lawenydd a'r hyfrydwch
Sydd yn dal i fod
Yn hanfod cyfeillgarwch.

NEB YNA

Yn chwech ar hugain oed
Bu farw ei ferch;
Yn bymtheg ar hugain oed
Bu farw ei fab
Gan ei adael o ar ôl,
A'i wraig ar ôl.

"Does yna neb yna, yn fan'na,"
Meddai gan gyfeirio at i fyny,
"Neb i fyny yn fan'na,
Neb yn gwrando gweddïa'.
Rhaid inni i gyd rygnu ymlaen
Yn ein profedigaetha'
Ora' medrwn ni,
Ora' medrwn ni.
Dyna fel y ma' hi."

A sut y medrwn i
Ddweud dim byd wrtho fo i'w gysuro
A minnau, fel yntau, yn gwybod
Mai fel yna y mae hi,
Ac na fyddai i mi –
O'r tu allan i'w ofid o –
Ddweud mai,
Yng nghariad pobol at ei gilydd,
Yng ngharedigrwydd pobol,
Mai yn rhywle yn fan'no, efallai,
Y mae yr Arglwydd
Yr ydym ni, rai ohonom ni, yn ymdrechu
I ddal i gredu ynddo fo yn bod.

Y MÔR MAWR

Diwrnod ysgythrog ydoedd
A gwyntoedd geirwon, geirwon
Yn gyrru, yn gyrru yr eigion
Yn donnau enbyd ac enfawr,
Yn dunnell ar dunnell
I hyrddio, a dryllio i'r morglawdd
A malu yno yn ewyn ysol,
Gwyn a dinistriol.

"Taid," meddai yntau,
"Sut y mae'r pysgod yn nofio
Mewn tonnau mawr fel hyn?"

Doedd yr ystyriaeth hon
Erioed wedi taro i 'mhen i
Cyn hyn.

"Y maen' nhw, y maen' nhw,"
Ystyriais, "fel meddyliau tawel
I lawr yn y dyfnderau llonydd;
Y maen' nhw, yno,
Yn y gwaelodion digynnwrf
Lle nad ydi tymhestloedd
A dwndwr byth bythoedd yn cyrraedd.
Yn anoddun bywyd,
Ar yr wyneb yn unig
Y mae cyffro."

Ond dywedais mai syrffio
Y bydden nhw pan fydd
Y môr mawr fel hyn, wedi gwylltio.

PAM

Pam y mae 'na bethau drwg
Yn digwydd i bobol dda?
Pam y mae'r da yn diodda'?

Y mae meddwl am hyn yn debyg
O arwain at ystyriaethau
Ac iddynt oblygiadau
Tragwyddol, a chosmig.

Cerddi Cyhoeddus

(Sef cerddi a gyfansoddwyd gan GT yn ei swydd fel Bardd Cenedlaethol Cymru, 2006-2008. Y mae elfen bersonol yn y rhan fwyaf ohonyn nhw.)

HANNER-CANMLWYDDIANT
YSGOL GYMRAEG LLUNDAIN

Ynghanol môr o Saesneg
Mae ynys fechan werdd
Sy'n pefrio gan Gymreictod,
Gan eiriau, rhifau, cerdd.

Ni ddaeth fawr ddim heb ymdrech –
A hynny nid yw'n syn:
Oherwydd llafur beunydd
Mae ysgol yn 'fan hyn.

Athrawon a rhieni –
 sêl y bu y rhain
Yn cadw'u hetifeddiaeth
Rhag mynd rhwng cŵn a brain.

Afallon yw hon, felly,
Lle mae y bywyd sy
Yn rym yn y presennol,
Yn dod o'r hud a fu.

CANMOLWN YN AWR

Gyda'r cof am alanastra
Y Seithfed Dydd o'r Seithfed Mis
Y flwyddyn ddiwetha
Yn ailymddangos
Yn lluniau o gerbydau maluriedig
Yng nghonglau ein cartrefi,
Daeth y newydd diweddara
Am laddfa fwy fyth yn India.
Ac yna fe ddaeth, eto,
Sôn am herwgipio
A bomio yn y Dwyrain Canol.

Dyma inni dragwyddol olion
Cigyddion y ddynoliaeth.

Ond ar y trydydd dydd ar ddeg
O'r seithfed mis,
Y flwyddyn yma,
Daeth i'n cartrefi stori
A oedd yn syndod inni –
Mae yna yn y byd 'ma ddaioni!
Mae yma o hyd
Rai a all, yng ngalar profedigaeth enbyd,
Ddarganfod – mewn marwolaeth – fywyd.

Dowch inni yma,
Ganmol yn awr
Ddynion da.

(Cyfeirir yma at Danielle Cording a laddwyd ar ôl cael ei chicio gan geffyl. Ei dymuniad oedd rhoddi ei horganau i eraill. Derbyniodd geneth ifanc, Natalie Acott, aren. Enwau rhieni Danielle ydi Jan a Mike Cording. Y mae'r gair 'dynion', fel erioed, yn golygu dynion a merched.)

DIOLCH BYTH AM
RICHARD BRUNSTROM

Amser a fu
Pan nad oedd y Gymraeg yng Nghymru
Yn iaith swyddogol yr Heddlu.

Amser a fu
Pan oedd y Gymraeg yn ein Cymru
Yn iaith a allai'n peryglu!

Amser a fu
Pan allai'r Gymraeg yn ein Cymru
Ein hisraddio hyd anallu.

Yna fe ddaeth
Sais yn Brif Gwnstabl, ac fe wnaeth
Yma fyd sylweddol o wahaniaeth.

Gŵr ydoedd o
Na theimlai raid i gywilyddio
Am ein hiaith – yr oedd hi yno,
Meddai o, i'w defnyddio.

Diolch iddo,
Diolch iddo –
Mae eisiau mwy o Saeson
'Run fath â Richard Brunstrom,
A llai o'r Cymry hynny sy'n dyfeisio problemau
Er mwyn cau y Gymraeg dan gaeadau buniau.

ROBERT WILLIAMS PARRY

(Ar hanner canmlwyddiant ei farw. Ar gyfer rhaglen Dei Tomos.)

Hwn oedd yn enaid ar wahân,
Yn un â'i gân yn iasol,
Cans gwyddai o am dro y rhod
A dry pob bod yn farwol.

Er bod deniadau natur werdd
Mewn llawer cerdd ysgytwol,
Yr oedd diddymdra yr holl sioe
Ar hwn yn wae parhaol.

Ym mhob cymdeithas felys, fwyn
A rydd ei swyn i'n dyddiau
Fe welai o y cysgod du
Ysy'n dynodi angau.

Roedd hiraeth am y rhai a fu
Yn gry', rhag mud anghofrwydd;
Ond chwythir yntau gan y gwynt
Ddaw ar bob hynt yn ebrwydd.

Un gaeaf noeth fe'i rhoddwyd o
Yn ddwfn i'r gro yng Nghoetmor,
Ac yno yn y pridd mae'r bardd:
Dan wahardd angau rhagor.

Ond mae ei gân o hyd yn fyw:
O clyw, mor fyw o'r beddrod!
Ar y geiriau 'bu'n eu gweu
Ni bydd dileu na darfod.

KYFFIN

(Syr John Kyffin Williams, RA, Pwllfanogl, Ynys Môn,
1918-2006)

Ger Pwllfanogl, ar y Fenai,
Yn y dŵr yr oedd aderyn:
Alarch ydoedd, alarch claerwyn.

O Bwllfanogl, ger y Fenai,
Aethai oddi yno Kyffin;
Ni ddychwelai yno wedyn.

Mae y drws yn gaead yno,
Ac nid yw Kyffin yn ei stiwdio –
Dim arlunydd, dim arlunio.

Dacw gyffro mawr adenydd
Wrth i'r alarch dorri o'r dyfroedd,
A dyrchafu fry i'r nefoedd.

Ond gadawodd yn y meddwl
Ei bresenoldeb gwyn, rhyfeddol,
Fel darn o rywbeth sy'n dragwyddol.

Kyffin yntau a aeth ymaith;
Ond ni all t'wllwch du marwolaeth
Ddifa lliwiau ei fodolaeth.

GLYNDŴR

(Ar gyfer rhaglen Dei Tomos)

I

Rhagfyr oedd hi,
Pwll du y gaeaf oedd hi,
Mil Dau Wyth Dau oedd hi
Pan laddwyd y tywysog, Llywelyn,
'Ein Llyw Olaf' fel y dywedwyd wedyn;
Hon oedd yr awr, fel y nododd rhywun,
'Y bwriwyd holl Gymru i'r llawr'.

II

Ar y llawr, sut le ysydd?

Lle ydyw i'r distadl, a'r efrydd,
Y rhai sydd yn byw mewn cywilydd,
Y digarennydd, a'r di-ffydd:

Dyma inni y rhai hynny a gollodd eu tir;
Dyma inni yr uchelwyr a deimlai, yn wir,
Eu bod, oherwydd eu hil,
Heb gyfle i gynnal dim swyddi;
Dyma inni'r masnachwyr heb hawliau mewn trefi
I fynd a dod, a phrynu a gwerthu;
Dyma inni'r clerigwyr oedd yn cael eu cynddeiriogi
Gan rym o'r tu allan 'oedd yn eu rheoli.
A hyn i gyd, hyn i gyd
Oherwydd gormes a dig
Y rhai a alwai yr hanner cenedl hon
Yn 'elynion Seisnig', yn 'estron'.

Yr estron a fu yn ein gwlad ni yn corddi
Y rhai hyn oedd ar lawr,
Eu corddi nhw i deimlo eu bod nhw,
O'r newydd, yn Gymry:
Ac wele, ac wele fe ddaeth yr awr.

III

Medi oedd hi,
Dechrau'r hydref oedd hi,
Un Fil Pedwar Dim oedd y dyddiad
Pan ddaeth yr awr.

Yn nhywyllwch a düwch difodiant
Oedd yn cancro ein cenedl ni
Daeth fflach a daniodd nwy ein diddymiant
Nes bod yn ein gwlad ni eto
Wybren a glaw, a heulwen a thyfiant;
Ac wele yma bren gobaith da yn blodeuo.

Daeth yr awr, a daeth y dyn,
Fe gyrhaeddodd olynydd Llywelyn –
'Gŵr meingryf, gorau mangre':
Owain ydyw o Lyndyfrdwy.

Lle bu meiwyr yn gorwedd
Cynheuwyd cynddaredd;
Deffrowyd gan hynny
Unwaith eto y Cymry,
Y genedl sydd yma yn awr.

Ddiysgog dywysog, diolch.

CYSYLLTIADAU CYHOEDDUS: METHODOLEG, RHAI ESIAMPLAU

(Ar gyfer Gŵyl y Gelli Gandryll)

Mae pethau yn gwella
Yn gwella o hyd,
Ac i mi y mae'r diolch am hynny.

    Ond rwyf fi yn eistedd yma
    A 'nghluniau i yn grinjian
    Yn fawr fy mhoen
    Yn disgwyl – o un chwe mis i'r llall –
    Am alwad imi gael fy nhrin.
    I mi mae'r arian – meddan' nhw – a wariwyd
    Ar ein hiechyd cenedlaethol
    Yn wastraff gan nad oes, i mi,
    Unrhyw leddfu ar fy loes.

Nawr te, frawd, nid yw hi'n ddoeth
I gwyno fel yma'n barhaol
Am boen nad ydyw, wedi'r cyfan,
Yn ddim ond poen bersonol.
Ystyria di'r sefyllfa gyfan
Ddatgelir gan ein hymchwil ni
Sy'n dangos fod 'na fwy a mwy
O gleifion nag erioed o'r blaen
Yn cael eu trin
Trwy'r system sydd ohoni.
Am hynny felly, a wnei di,
Fod yn fwy ystyriol
A pheidio â chwyno yma fel hyn
Yn hunan-dosturiol
A chyfan gwbwl hunanol.

Rwy'n byw mewn ofn beunyddiol
Heb feiddio mentro o'r tŷ 'ma'n y nos –
Mae heidiau o lafnau hyd y lle
A does dim plisman yn ein tre.
I ble yr aeth cymdogaeth dda,
Pam 'peidiodd cariad brawdol?
A pha fath fywyd ydi hwn
Yn ofni cyllell, dwrn a gwn,
A hynny yn dragwyddol?

Nawr te, frawd, ynglŷn â hyn
Yr wyt ti'n cyfeiliorni
Gan anwybyddu'n sicir-ddiau
Yr hyn a brofa'r ystadegau:
Y ffaith amdani yw'n bod ni
Yn fwy diogel – ffaith i ti –
Nag y buom ni ers oesoedd.

Irác, Irác,
Anfonwyd fy mab,
Fy mab nad oedd o ond ugain,
I Irác ar wasanaeth milwrol.
'Ddaeth o ddim yn ôl;
A ddaw o ddim, byth mwy, yn ôl.
Rydw i am wybod pam.

Y mae'r sefyllfa wel'di, frawd,
Yn fwy cymhleth nag a dybi.
Yr ydym ni o hyd yn chwilio –
Does dim amheuaeth nad ydyn nhw yno –
Am Arfau Eithafol eu Grym;
A phan, o'r diwedd, y darganfyddwn ni nhw,
Wel, yna mi fydd pethau
Mor glir i ti
Ag y maen' nhw, yn sicir, i mi.

Yn y rhan o'r wlad lle'r ydw i'n byw
Roedd hi unwaith yn bosib i rywun fel fi,
Sy'n gweithio mewn ffatri,
Fedru prynu tŷ
Iddo fo ei hun a'i deulu.
Ond rwan alla' i
Byth bythoedd wneud hynny.
Bydd yn rhaid imi ennill anferthol o swm
Ar y Loteri cyn gallu prynu cwt bychan,
Bychan, llwm.
Pe gallwn i, ryw sut, gael morgais
Fe fyddai rhyw rai yn dal i dalu,
A hynny am ddegawdau,
Ar ôl i mi fynd 'lawr i'r bedd
I huno at fy nhadau.

'Thâl hi ddim i ti, fy mrawd,
Feddwl am bethau fel yna.
Oeda ennyd ac ystyria
Faint sydd wedi'i gwneud hi'n iawn,
A magu sglein a magu graen –
Mewn ystyr economaidd, 'te –
Wrth fentro ar y farchnad dai
Tra oeddet ti yn cwyno.
Bydd lawen gyda nhw, oblegid nhw
Yw'r math o ddeiliaid y mae arnom ni
Fel cenedl eu heisio,
Ac nid tuchanwr fel tydi.

Mae pethau yn gwella
Yn gwella o hyd
Ac i mi y mae'r diolch am hynny.

GWANWYN

(Ar gyfer Cymorth yr Henoed)

Mae rhywun wedi troi ei drigain
Yn cael ei demtio i daro ei glun i lawr
A'i draed i fyny
Ac eistedd yn gyfforddus yn syllu
Ar ddiffeithderau diderfyn rhyw sgrîn
A'r gwacterau duon hynny ynddi
Ysydd ar raddfa gosmig,
Ac yn barod i sugno o'r syllwr –
I grombil ddiwala – unrhyw lygedyn o fywyd,
Unrhyw osgo at smic o wreiddioldeb.
Ac os na fydd dyn yn ofalus
Fe all ei gael ei hun yn marwol olwyno
Yn llyfn a digyffro
Mewn amdo du o ddiffyg dychymyg
I fedd i gael ei briddo,
Neu i ffwrnais i'w losgi yn golsyn.

Hynny ydi, os nad oes yn rhywun
Yr ewyllys i beidio â gollwng ei afael
Ar wanwyn tragwyddol y dychymyg.
Felly, dowch allan, gymrodyr, a dawnsiwch,
Canwch, cyfansoddwch;
Mynnwch brofi o hyd
Holl ryfeddod diderfyn y byd.
Mynnwn ddangos i bawb
Ein bod ni yma, a'n bod ni yn fyw.

KATE ROBERTS

(Cerdd ar gyfer Agoriad Swyddogol Cae'r Gors)

Hyhi, o gors y bryniau, greodd
O adfyd a chaledi'i dyddiau
Storiâu a wnaeth i ninnau
Ddod i rannu ei phrofiadau.

Hyhi, ar ffriddoedd garw Arfon,
Astudiodd rawd gythryblus dynion,
A chroniclodd eu hymdrechion
Yn erbyn grymusterau creulon.

Hyhi, yn nhegwch ei hieuenctid,
A deimlodd lid ynfydrwydd rhyfel;
Fe ddaeth o bell i fro y chwarel
Sôn am frawd o'r farw-fedel.

Hyhi, 'n ne Cymru a'i ddyffrynnoedd
Ar adeg hirlwm a diweithdra,
A nododd olion mall segura
Ar ddefnydd dynion yn y llymdra.

Hyhi, yn noddfa anghydffurfiaeth,
A welodd yno ffydd a chredo
Yn teneuo ac adfeilio,
A dywedodd: "Tywyll heno".

Hyhi a fu yn ngwewyr Cymru
Yn fawr ei hymdrech trwy'r blynyddoedd
Gan ddal ati trwy derfysgoedd –
Canys triw a dewr iawn ydoedd.

Hyhi, athrylith ydoedd yn tywynnu;
Fe dreiddiodd hi i'r cyflwr dynol
A dangosodd yn y lleol
Olion dyfnion y tragwyddol.

ROBAT GRUFFUDD

(I ddathlu ei lwyddiant yn ennill Gwobr Cyfraniad Oes
i'r Diwydiant Cyhoeddi. Efô oedd sefydlydd Y Lolfa.)

Y mae yna, yn sicir, fyrdd
A fu'n, eu tro,
Am geisio peintio'r byd yn wyrdd –
Ac a roes y gorau iddi
Gan barchuso, gan heneiddio
A syrthio i rigolau cyfforddusrwydd.

Ond nid efô, nid Robat Gruffudd.
Gyda diniweidrwydd dur y rheini
Y mae ganddynt weledigaeth – a direidi –
Fe ddaliodd Robat Gruffudd wrthi
I herio unrhyw gallio dof,
I herio unrhyw gyfforgdduso,
I herio pob heneiddio.
Ac o'i Lolfa creodd o
Eiriau a roddai i ni oll ddiddanwch,
A roddai weithiau ryw arweiniad,
Neu a wnâi i ni bendroni
Ar droeon bywyd, neu eiriau fyddai
Ambell waith am ein haddysgu.
Ac, o bryd i'w gilydd, gyrrai eiriau
A ecsosetiai trwy siwtiau du'n parchusrwydd.

Freuddwydiwr hoff, yr ydym ni
Yn diolch iti am fynd ati
I geisio llunio inni Gymru
A fyddai'n wlad gwerth trigo ynddi.
Mewn dyfal ac amryfal ffyrdd, da thi,
Fe beintiaist ti ein byd ni'n wyrdd.

RAY GRAVELL

Roedd ffrwydriadau ar y sgrîn –
Grav oedd yno yn ymdrin
   Â rygbi.

Roedd cynhesrwydd yn y radio;
Fo oedd yno yn ymgomio –
   Felly'r oedd o.

Roedd gwisgo jersi goch yn tanio
Ynddo genedl hen y Cymro –
   Haleliwia.

Roedd o yno'n gawr cyhyrog
Yn dal y cledd uwch bardd y Steddfod –
   Dyna fo.

Roedd egni angerdd ein Cymreictod
Yn gryfach ynom o'i adnabod –
   Dyna Grav.

Roedd calonnau pawb yn curo
Yn llawenach o gael sgwrsio
   Gydag o.

Roedd 'na olau yn ei galon
A wnâi i ni, bob un ohonom,
   Deimlo'n well.

Mae hi'n Dachwedd yma heno,
Du, digofus; gaeaf eto
   Arnom hebddo.

Mae mudandod ar y sgrîn,
Nid yw o yno i ymdrin
Â'n bywydau.

Ond ni wna'i angerdd o ddadfeilio,
Ni wna'i afiaith o ddim peidio,
Ni wna'i ysbryd o edwino
Tra bôm ni sydd yma'n cofio.

Roedd 'na rywbeth a oedd ynddo
Oedd yn cyffwrdd ac yn deffro
Grym graslonrwydd:
Diolch iddo.

WILLIAM SAMUEL JONES

(Tyddyn Gwyn, Rhoslan, 1920–2007)

Y mae lleisiau yn Eifionydd
Sy'n ymddangos yn dragywydd
Eu Cymreictod a'u Cymreigrwydd.

Yn y fro rhwng môr a mynydd
Mae murmuron hen, aflonydd
O'r gorffennol yno beunydd.

Yn iaith Wil Sam yr oedd 'na haenau
A dreiddiodd drwodd o'r hen bethau,
Yr hen iaith a'i chyraeddiadau;

Ynddi'n treiglo roedd profiadau
Rhai fu yma'n gymeriadau
Hyd y fro dros genedlaethau.

Y cyfoeth hwn oedd yn ei eiriau,
Y gwaelod hwn o hen amserau,
A dyfeisiadau ei athrylith loywaf yntau.

Creodd fydoedd, pobloedd lawer
Â digrifwch grasol, tyner
Sy'n dangos inni'i led a'i ddyfnder.

Tua'r diwedd, dyma fu –
Iddo ddwedyd wrth ei deulu,
"Ar fy ôl i ymorolwch
Na fydd 'na ddim hen snwffian, dalltwch."
A doedd y tristwch ddim yn farwol;
Yr oedd o yn dristwch bywiol.

Y gwron o Eifionydd, gollyngwch
Yn dyner, ar derfyn ei ddydd,
Ei lwch i'r dwfn dawelwch –
"Dwi'n dweud dim, deud dim;
Deud dim."

      Ond, ond,
"Deud dw i.
Yr ydw i'n dywedyd,
Dywedyd; dywedyd."

Mae ei iaith a'i eiriau'n bod,
A thrwyddyn nhw y mae efô,
Wedi marw, yma yn llefaru eto.

Trugareddau

("Vive la bagatelle," chwedl Jonathan Swift)

CYHOEDDIADAU TEITHIO

Y mae hi'n ofynnol;
Yn wir, y mae hi'n orfodol
I unrhyw un sy'n cyhoeddi
Manylion teithio dros uchel-seinyddion
Trenau, bysiau, gorsafoedd ac ati
Fod, yn ddelfrydol,
Yn apotheosis y rhai anymadroddus;
I lefaru, yn wastadol,
Fel pe bai ganddo, neu ganddi,
Lond ei geg o sbageti;
Ac fel pe bai o
Yn dioddef o'r bib,
Ac arno y rheidrwydd
O all-lwytho ei neges
Cyn iddi fynd arno yn big.

Ac y mae hi, wrth reswm,
Yn ofynnol, ofynnol
Na fydd yr un enaid byw bedyddiol
Yn deall bygyr-ôl
O'r fath blymónj clywedol.

BENYW DELEDU, U.D.A.

I fod yn fenyw
Sy'n cyhoeddi a llefaru
Yn America ar y teledu
Y mae gofyn cael gwallt mawr
A cheg fawr a dannedd mawr
I gael gwên fawr fawr,
A llygaid fel llygaid ratler
Fawr fawr – y fwya' –
Yn anialwch Arizona.

GORCHFYGU CYMRU

Yng nghyflawnder ein dyddiau,
Cyfrinach gorchfygiadau
Ydi,
Nid cleddyfau a gynnau
Ac ati,
    Ond prisiau adeiladau.

PAN SONIODD

Pan soniodd y pregethwr am hynt a helynt Man Uw
Roedd pawb o'r hen blant yn awyddus i ddysgu,
Ond pan aeth o rhagddo i sôn am Dduw
Aeth pob un ohonynt i gysgu.

SIC TRANSIT

Y mae yna lefydd felly,
Llefydd sydd yn cynnig, yn rhad,
Gopïau o lyfrau
Na ddar'u nhw ddim gwerthu.
Enghraifft ichi:
Diana, The Making of a Princess
Ar gael am neinti pi –
Sic transit gloria mundi.*

(*Fel yma yr â heibio rwysg y byd.)

HI

Hogsiad oedd hi
O wenwyn llysnafeddog a gwyrdd,
A hwnnw yn gloywi
Gan farwol radio-egni;
Hyn oll yn gymysg efo
Bustl drewllyd a ffiaidd a du.

Ac, o gragen gre ei chasineb,
O dro i dro byddai hi
Yn piso, yn asidig dew,
O'i chyfansoddiad pwdwr
I'r byd o'i chwmpas hi
Ryw slwtj, fel geri marwol,
Gyda chanlyniadau anafus, ac arteithiol.

A dyna'r unig adeg, dros ei hopran hi,
Y byddai rhywbeth, yno, yn torri
Nid yn annhebyg i wên
Orfoleddus o faleisus.

CASTELL CAERNARFON

Y castell hwn yn fan'ma –
Mae o wedi'i wneud o slabia
O'r brenin c'leta, ar y pryd,
Yn holl Batria Britannia,
Sef Edward (y bastard) Cynta.

RHIENI

Y peth pwysicaf y gallwn ni, fel rhieni,
Ei draddodi i'n hiliogaeth ni ydi
Y gallu i wneud hebom ni.

CYFATHREBU CYHOEDDUS, RADIO RŴAN

Adroddiad ar yr argyfwng diweddaraf:
"Yr ydym ni – fel y clywch chi –"
(Ffrwydradau ysgytwol, a marwol)
"Yma yn ei chanol hi.
Y mae'r terfysgwyr yn awr
Y tu mewn i'r gwesty
Ac y maen' nhw wedi dechrau taflu
Allan o ffenestri y llawr cyntaf . . ."

Daw, yma, dyner araf lais o'r stiwdio
Yn dywedyd, "Ac yn fan'ma
Mi gymerwn ni egwyl fach gerddorol –
Cân ddymunol ar ddisg diweddaraf
Y Sietwyr, cân dan y teitl 'Mynd'."

Ac yma cana'r Sietwyr:
"Ma fi yn fynd,
Yn rîli, rîli fynd,
Ma fi yn fynd,
Rîli, rîli, rîli, rîli fynd . . ."
Ac ymlaen.

Daw llais eto o'r stiwdio:
"Ac yn ôl â ni, rŵan,
I ganol y gyflafan."

YR EISTEDDFOD GENEDLAETHOL

Y mae hi'n gwbwl hanfodol
I ni sydd yn Gymry Cymraeg
Gael, yn flynyddol, Eisteddfod
Er mwyn inni, yn achlysurol,
Allu ein perswadio ein hunain
Ein bod ni yma o hyd
Yn bod yn y byd.

DAM-CANIAETHOL

Yn ôl rhai diweddar ddam-caniaethwyr
O 'lenyddiaethwyr'
Does yna ddim
Y fath beth ag Awdur.
Ond os bydd ichi, yn rhywle,
Daro ar lyfr, neu'n hytrach ar Destun
Sydd wedi'i sgrifennu ei hun,
Yna gallwn ddam-caniaethu
Ymhellach y bydd
Ei Ystyr mor ddihysbydd
(Neu mor hysbydd)
Â dirnadaeth ei Ddarllenydd.

YSTYRIAETHAU CIAIDD

1.
Yn y pen blaen – brathu;
Yn y pen ôl – cachu.
Ci – alla i yn fy myw
Gredu fod hwn o greadigaeth Duw:
Haws meddwl ei fod o ddyfais dyn –
Rhywbeth tebyg i Dawkins neu Darwin.

2.
Fawrion o wybodaeth, dywedwch i mi,
Pam, ar y ddaear, y crewyd y ci.

3.
Y mae'r ci – sy'n greadur hardd –
Yn cnoi esgyrn yn yr ardd,
Sef esgyrn lladron drwg a hy
A ddaeth i geisio dwyn o'r tŷ.
Y mae moesoldeb yn ei galon
Mewn cyfnod o safonau yfflon:
O bob anifail dan y ne',
Fo sydd agosaf at ei le.

4.
Dyma gyfaill da, dymunol,
Un sydd yn ffyddlon anarferol;
Pan fo cyfeillion dyn yn cefnu,
Y mae hwn yn dal i lynu.
Esiampl glodwiw i bob dyn
Yn sicir yw y ci a lŷn.

5.
Y mae'n greadur heb ei fath,
A diolch byth nad ydyw'n gath.

Y MAE GENNYM NI

Y mae gennym ni geir,
Ond does gennym ni ddim gras.

NID Y PETH GWAETHAF

Ar ffordd gul, neu ffordd droellog
Nid y peth gwaethaf, yn ddiau,
Ydi gorfod dilyn un tractor
Ond gorfod dilyn dau.

Y MAE YNA AIR

Ystyriwch –
A oes yna un gair, hollgynhwysol, sydd
Yn crynhoi yn gyflawn-briodol
A hanfodol systemau
Crefyddol
Moesol
Gwleidyddol
Addysgol
Diwydiannol
Ariannol
Cymdeithasol ein dydd?

Oes, y mae yna un:
Aneffeithiol.

IECHYD A DIOGELWCH

RHEOL 7561:

'Ynglŷn ag Agor Drysau'

Ynglŷn ag Agor Drysau
Y mae yna, yn ddiamau, ddwy ffordd,
Sef y Ffordd Gywir
A'r Ffordd Anghywir.

Dyweder eich bod chwi
Yn dynesu at ddrws caeedig,
Yna, edrychwch a oes arno
Eiriau yn ysgrifenedig,
Megis 'Gwthiwch' neu 'Tynnwch'.
Os 'Gwthiwch' sydd arno, yna
Ni thâl i chwi ei dynnu
Achos ni fydd hynny
O unrhyw les;
Ac, i'r Gwrthwyneb,
Os 'Tynnwch' sydd arno
Ni thâl i chwi ei wthio.

Y mae'r mwyafrif yn Agor Drysau
Gyda'u llaw ddeau,
Ond nid oes dim yn eich rhwystro
Rhag cyflawni y weithred o Agor
Gyda'ch llaw chwith,
Os dyna eich dymuniad.
Ar ôl Agor unrhyw Ddrysau
Yna ewch drwyddynt
Yn hwylus ac yn dra gofalus.

Am Wybodaeth Lawnach,
Neu Gyfarwyddyd Pellach
Ymrestrwch ar un o'n Cyrsiau
Ar 'Agor Drysau',
A hynny mewn unrhyw Brifysgol –
Ond gan gadw mewn cof mai'r Peth Gorau
I chwi ei wneud fyddai ymrestru
Mewn cwrs priodol sydd yn eich Cyffiniau.